MÉMOIRE

SUR

M^R DU FRESNOY

BIBLIOPHILE DU XVIIᵉ SIÈCLE

ET SUR SA FAMILLE

PAR

M. LE Bᵒⁿ JÉRÔME PICHON

PARIS

LIBRAIRIE TECHENER

(H. LECLERC ET P. CORNUAU, SUCCESSEURS)

219, rue Saint-Honoré, au coin de la rue d'Alger.

—

1893

MÉMOIRE

SUR

Mr DU FRESNOY

BIBLIOPHILE DU XVIIᵉ SIÈCLE

ET SUR SA FAMILLE

PAR

M. LE Bᵒⁿ JÉRÔME PICHON

PARIS

LIBRAIRIE TECHENER

(H. LECLERC ET P. CORNUAU, SUCCESSEURS)

219, rue Saint-Honoré, au coin de la rue d'Alger.

—

1893

MÉMOIRE

SUR

M. DU FRESNOY

BIBLIOPHILE

MÉMOIRE

SUR

M^R DU FRESNOY

BIBLIOPHILE DU XVIIe SIÈCLE

ET SUR SA FAMILLE

PAR LE Bon JÉRÔME PICHON

Les reliures en maroquin aux armes de Du Fresnoy (1) sont très recherchées, avec raison, et se trouvent rarement. Lorsque je commençais ma carrière de bibliophile, il y a quelque 60 ans, on ne savait pas de qui étaient les armes qui figurent sur leurs plats. Mon cher et honorable ami, M. Debure l'aîné, était le seul amateur chez qui j'en connûsse. Il eut quelque peine à admettre l'attribution de ces armes à la famille Du Fresnoy, parce que les billettes qui sont sur le sautoir étaient perpendiculaires au plan horizontal de l'écu, tandis que dans les armoriaux de Paris, de Chevillard et de Beaumont, les quatre billettes des extrémités suivaient le mouvement du sautoir. Il ne se rendit que lorsqu'il eut vérifié que toutes les lettres du nom *Du Fresnoy* étaient dans le chiffre que portent ces beaux livres.

Aujourd'hui, les exemplaires de Du Fresnoy sont bien reconnus comme tels ; mais on ne connaît guère celui qui

---

(1) *Célèbre* bibliophile *qui vivait en Picardie,* dit le Nouvel Armorial du Bibliophile !

les posséda le premier et les fit relier. Je vais dire aux lecteurs du *Bulletin du Bibliophile* ce que j'ai trouvé sur lui et sur sa famille.

Il y avait, vers 1630, à Paris, rue Saint-Honoré, au coin de la rue (Croix) des Petits-Champs, on a dit aussi au coin de la rue de Grenelle, un apothicaire très notable. C'était le Sire (1) Martin Du Fresnoy. Il n'avait que ce seul nom et ne s'appelait nullement *Petit Du Fresnoy*, comme on l'a imprimé dans la première édition de l'*Armorial du Bibliophile*. En 1636, il était l'un des échevins de Paris. Dix ans après, le 1er février 1646, il était élu juge consul (le 4e), ce qui lui donnait la noblesse.

De sa femme *N. Bardin* — (je ne sais si elle était parente de l'auteur du *Lycée*, homme fort estimé de la meilleure société du xviie siècle, et qui me semble avoir eu une position analogue à celle de Du Fresnoy) (2), — il eut six enfants. L'aîné, Ch.-Alphonse, est l'auteur du Poème sur la peinture et fut, lui-même, un peintre très estimable (3), mais nous ne parlerons que de son fils Hélie ou Elie, c'est le bibliophile (4).

---

(1) Au moyen-âge et encore au xvie siècle, cette qualification n'était donnée qu'aux marchands et bourgeois très notables. Dans le xviie, elle tomba en désuétude. L'adresse de Du Fresnoy le père est donnée dans les *Dossiers bleus* du Cabinet des titres.

(2) Voir ma *Correspondance d'Humières*. Compiègne, 1883, nos 100, 104, 106 et 155.

(3) Très lié avec Mignard qui fut, pour lui, le meilleur et le plus généreux des amis, Ch.-Alphonse Du Fresnoy passa la plus grande partie de sa vie en Italie. Il mourut à Villiers-le-Bel, chez un de ses frères, en 1665, à l'âge de 54 ans. Son père, qui voulait faire de lui un médecin, ne lui pardonna jamais d'avoir préféré la peinture et la poésie et le laissa dans la gêne la plus dure. Je n'ai pas vu, dans mes recherches, si son frère Hélie le secourut.

(4) Cette filiation de Du Fresnoy est prise dans les *Dossiers bleus* du Cabinet des titres et me paraît irrécusable. Saint Simon dit cependant (tome 1, p. 60 de l'édition de 1856) que notre Du Fresnoy, un des commis les plus accrédités de Louvois, était fils d'*un Secrétaire de son père*. Cela est bien précis. A Dieu ne

Hélie du Fresnoy naquit en 1614. Il est dit dans l'article du *Mercure galant*, de mars 1698, relatif à sa mort, que ce fut le cardinal de Richelieu qui le donna à M. de Noyers — peut-être fut-ce à la requête du duc Claude de Saint-Simon. M. Sublet de Noyers était alors Secrétaire d'Etat de la Guerre. Du Fresnoy devint son premier commis.

On sait ce qu'étaient, sous l'ancien régime, les premiers commis des ministres. Etrangers à toutes les intrigues de Cour, ils faisaient seulement les affaires et étaient très rarement changés. Du Fresnoy resta premier commis sous le chancelier Le Tellier, qui était aussi Secrétaire d'Etat de la Guerre, et servit, en la même qualité, sous le Mis de Louvois, son fils, et sous M. de Barbezieux, fils de M. de Louvois.

Du Fresnoy était digne d'occuper cette importante position. Le Père Léonard, dont on a plusieurs recueils à la Bibliothèque et aux Archives Nationales, nous a laissé quelques mots sur Du Fresnoy. Il dit que notre bibliophile était d'un esprit agréable et vif, savait très bien le latin, et il ajoute : *pointes d'esprit*, ce qui me semble vouloir dire que Du Fresnoy ne dédaignait pas de faire de bons mots. (*Archives Nation.*, MM., 825, f° 27).

---

plaise que je méconnaisse la valeur d'une affirmation de Saint Simon, mais je me permets de dire qu'il a quelquefois erré. Ainsi *rien n'est plus faux* que l'histoire des prétendues luttes de la Comtesse de Verrue contre l'amour du Duc de Savoie. Le récit de Saint Simon est absolument contraire à la correspondance diplomatique de Savoie. On a peine à croire aussi l'histoire du Père Le Tellier racontant à Saint Simon, qu'il savait nécessairement peu favorable à la Compagnie de Jésus, tous ses projets relativement à la *Bulle Unigenitus*. Il se pourrait que le premier duc de Saint Simon, père de l'auteur des *Mémoires*, ait connu Du Fresnoy le père, et ait eu de l'estime pour lui comme Saint Simon en avait lui-même pour son apothicaire Bolduc et l'eût fait entrer chez M. de Noyers, mais cela ne fait pas d'Hélie Du Fresnoy le fils d'un secrétaire du duc de Saint Simon. Tout le monde savait qu'Hélie Du Fresnoy était le fils d'un apothicaire.

Quant à sa bonté, à son obligeance et à sa probité, elles sont garanties et vantées par d'Hozier et Dangeau.

La vie des commis de Louvois était pénible pour ne pas dire cruelle. L'auteur des *Mémoires pour servir à l'histoire de F. M. Le Tellier, m^is de Louvois*, (Amst. 1740, petit in-8) (1), raconte que ce ministre demandait un jour à un de ses commis quel revenu il avait. Celui-ci lui répondit que, par les grâces qu'il avait eu la bonté de lui obtenir du Roi, il jouissait de 6000 l. de rente, mais qu'il n'en était pas mieux. Louvois lui ayant demandé pourquoi : « C'est, répliqua le commis, que vous ne me laissez pas le temps de dépenser 200 fr. Vous voulez que nous soyons dans le bureau dès les 5 heures du matin vous nous occupez jusqu'à 1 h. 1/2 après midi. Nous partons pour aller dîner et vous voulez que nous rentrions à 3 h. précises. Vous nous retenez jusqu'à 11 heures. Il n'est plus temps de souper, et l'accablement de la journée nous fait chercher à dormir plutôt qu'à manger. A cette manière de vivre, nous ne pouvons pas dépenser deux cents francs (p. 160).»

La vie des premiers-commis était certainement meilleure, mais elle devait être aussi bien laborieuse et bien fatigante. On conçoit donc qu'Hélie Du Fresnoy ait cherché à consoler et à embellir la sienne. Il savait fort bien le latin (V. ci-dessus, p. 9), il était riche : il se fit une bibliothèque. Les livres français, malgré l'éclat de notre littérature à l'époque où il vivait, furent sans doute un peu négligés. La plus grande partie était reliée en veau écaille, si j'en juge par ce fait que j'ai vu et acheté la *Pharsale* de Brebeuf, in-4°, de 1re édition, et

---

(1) Ce livre est attribué à M. de Chamlay, dont Saint-Simon a parlé avec la plus grande estime; M. de Chamlay possédait la confiance du Roi, qui voulut lui donner la succession de Louvois. Mais j'ai peine à croire qu'un homme si distingué soit l'auteur d'un livre aussi médiocrement écrit.

l'Introduction à la vie dévote de Saint François de Sales, de l'édition in-folio du Louvre, et d'autres livres ainsi reliés. En général, l'acide employé pour marbrer le veau de ces reliures l'a rongé, ce qui ne les embellit pas. Mais pour les livres latins classiques dont il avait un grand nombre et pour quelques français privilégiés (1), il faisait exécuter de charmantes reliures, toujours en maroquin rouge, dont nous donnons deux spécimens, l'un en tête du volume, l'autre en regard de la page 31. Son chiffre ou plutôt la réunion des lettres formant son nom est placée deux fois sur le plat du volume au dessus et au dessous de l'écu qui est d'or, au sautoir de sable chargé de billettes d'argent, placées perpendiculairement au plan horizontal de l'écu qui est timbré d'un casque surmonté d'un tortil et d'une aigrette et accompagné de lambrequins (2). Chaque entrenerfs du dos est garni de ce même chiffre. Du Fresnoy en avait trois grandeurs différentes pour les divers formats.

(1) Nous donnons, à la fin de ce *Mémoire*, une liste des exemplaires, en maroquin, de Du Fresnoy, dont nous connaissons l'existence. Il n'y en a que 28. Ce petit nombre de livres donne cependant l'idée de ce qu'était cette bibliothèque : bons livres de théologie et classiques latins. Il doit en exister bien davantage, mais ces beaux livres sont toutefois fort rares.

(2) D'Hozier, dans ses notes intéressantes et, en général, si bienveillantes pour les Du Fresnoy, s'est un peu égayé sur ces armoiries.

« Sa grande fortune (d'Hozier l'évalue, en 1672, à 50 ou 60,000 l. de rente qui
« me paraissent équivaloir à environ 200,000 fr. d'aujourd'hui), lui fit venir
« l'envie d'être de bonne maison, et la conformité de son nom avec celui
« du Marquis de Fresnoy, dont il porte aussi les armes qui sont d'or à un
« sautoir de sable chargé de billettes d'argent pour *brisure* (sic) ...*suppléez* :

Je pense que c'est vers 1650 qu'il commença sa bibliothèque. Les reliures, dont j'ignore l'auteur, mais qui pourraient bien être de Dubois ou d'Eloi Le Vasseur, relieurs dont Lacaille parle avec beaucoup d'éloges, semblent être de cette époque-là.

Mais quelque amour qu'on ait pour les livres, on ne peut pas toujours lire; aussi Du Fresnoy chercha-t-il un autre élément de bonheur : il se maria.

Son mariage fut-il le résultat de ses réflexions, ou un évènement fortuit, tel qu'une rencontre, amena-t-il ce changement dans son existence? c'est ce que nous ignorons.

Toujours est-il que, vers 1663 ou 1664, comme je l'exposerai tout à l'heure, époque à laquelle il avait 48 ou 50 ans, il donna son nom et sa main à une jeune fille d'une extraction beaucoup plus humble que la sienne, mais dont la surprenante beauté produisit, quelques années après, (quand elle se fut compromise, car le monde est ainsi fait) une vive impression et attira l'admiration générale.

La femme d'un bibliophile aussi distingué que Du Fresnoy n'est pas une étrangère pour nous. Ses beaux yeux *étranges*, comme les appelle Mme de Sévigné, se sont

---

« pouvait y aider. Ces billettes imitent assez bien les billes d'onguent et
« servent à conserver la mémoire des premiers emplois de cette famille. »
Les Fresnoy de Picardie, ancienne et grande maison, portant aussi les billettes, celles-ci ne sont donc pas du tout une *brisure* que Du Fresnoy aurait ajoutée à ses armes, et, d'ailleurs, il n'y a que les cadets d'une famille qui en brisent les armes pour se distinguer de leurs aînés. On ne comprend pas que Du Fresnoy, *s'il n'était pas en possession de ces armes*, ait pu les prendre sans l'aveu des MM. *de* Fresnoy (car c'est plutôt ainsi qu'ils écrivaient leur nom. Voir une intéressante Généalogie de cette maison dans le *Mercure* d'août 1747, p. 184.) Du Fresnoy descendait-il d'un bâtard de cette maison? Était-il d'une branche cadette pauvre ? Le Marquis de Fresnoy et ses parents firent-ils à notre bibliophile la gracieuseté de garder le silence sur son usurpation pour obtenir sa protection auprès de Louvois ? Tout cela est possible.

souvent arrêtés sur ces livres si joliment reliés. Ses belles
mains les ont touchés. Il me semble donc naturel de
raconter à mes lecteurs ce que j'ai appris de sa vie. A eux
de tenir compte de la malveillance et de l'envie qui
s'attachent, ordinairement, en ce monde, à tout ce qui est
supériorité.

Marie Colot, c'est le nom de cette jeune fille, n'était
même pas la fille d'un apothicaire, comme le lui reproche
sottement et faussement La Fare qui confond ainsi son
origine avec celle de son mari. Elle était la fille d'un
porteur de lettres de la poste. Son père était-il un courrier
recevant et accompagnant les dépêches, était-il ce que
nous appelons, aujourd'hui, un facteur, remettant aux
particuliers leurs lettres de la province ou de l'étranger?..
(car la petite poste — lettres de Paris pour Paris, — n'existait pas encore, elle date je crois, de 1763 ou environ)? Il
semblerait que l'expression de d'Hozier, *porteur de lettres*,
s'appliquerait mieux à un facteur (1).

Quoi qu'il en soit, Du Fresnoy l'épousa. Je crois qu'on
peut placer ce mariage vers 1663 ou 1664.

En effet, nous savons par d'Hozier que Du Fresnoy
maria une de ses filles, *belle comme un ange, bien faite et
de beaucoup d'esprit*, dit-il en juillet 1680, avec M.
d'Alègre, comte de Beauvoir, en Auvergne, et que, de
cette union, naquit une fille qui épousa le célèbre comte
de Boulainvilliers.

Or, Mme de Boulainvilliers, Claude-Catherine d'Alègre,
mourut, à Paris, le 1er septembre 1723 (table du *Journal
de Verdun*, 1,70), *âgée de 42 ans*. Elle était donc née en

---

(1) Comme les hommes qui aiment passionnément, Du Fresnoy épousa
toute la famille de sa femme. D'Hozier nous apprend qu'il avait de bonne
heure tiré son beau-père de son *misérable emploi*, car c'était, dit-il, le plus
officieux homme et le plus serviable. Son beau-père étant mort, il remaria sa
veuve à un de ses frères à lui, Du Fresnoy, gouverneur de la citadelle de Dun-
kerque qui n'en eut pas d'enfants.

1681. Donc, sa mère était nubile quand elle se maria en 1680, c'est-à-dire âgée d'environ 16 ans ou même un peu plus ; elle naquit donc en 1664 si ce n'est 1663, ce qui met le mariage de ses parents au plus tard à 1662 ou 1664. Mais il se peut que le fils de Du Fresnoy ait été l'aîné de ses enfants ; on pourrait alors reculer, encore, la date du mariage ; cependant, il ne faut pas perdre de vue que Mme Du Fresnoy était dans la fleur de sa beauté en 1673 et qu'elle n'a pu guère naître que vers 1648 (1).

Je ne doute pas que, soit avant de l'épouser, soit dans les premiers temps de leur mariage, Du Fresnoy n'ait fait donner à Mlle Colot une éducation suffisante, si elle ne l'avait pas reçue déjà. Et puis la nature fait tant pour ses favoris ! Ne voit-on pas des hommes, des femmes surtout, deviner, pour ainsi dire, les bonnes manières sans avoir fréquenté ceux qui les ont par leur éducation première et presque par droit de naissance ? Mme Du Fresnoy les eut, elle, naturellement sans doute et aussi *par droit de conquête*, c'est le cas de le dire. Cela résulte et du silence significatif du haineux et malveillant La Fare et surtout du récit de Mmes de Coulanges et de Sévigné ; j'en dirai de même de son esprit, mais j'y reviendrai.

L'austère Louvois, si sévère pour ses commis, ne put voir cette belle personne sans l'aimer et il l'aima éperdûment. Il paraît bien établi que, quoi qu'il fût secrétaire d'Etat de la guerre, il eut les privilèges des surintendants et ne trouva pas Mme Du Fresnoy cruelle.

Que fit Du Fresnoy, si, comme on ne peut guère en douter, il connut son malheur ? Il est probable qu'il prit

---

(1) Je n'ai trouvé nulle part l'âge qu'avait le fils de Du Fresnoy quand il fut nommé colonel en 1672, ni celui auquel il mourut. Même ignorance pour Mme Du Fresnoy. Ces deux lacunes ont été bien gênantes pour mon travail.

Reliure habituelle des exemplaires de Du Fresnoy.

son parti avec philosophie ; en tout cas, sa femme allait
à la Cour et dans le plus grand monde, tandis qu'on ne
voit pas que lui les fréquentât. Elle triomphait seule.

Mme de Coulanges et Mme de Sévigné ont parlé toutes
deux, à différentes époques, de Mme Du Fresnoy ; les
témoignages rendus par ces femmes illustres en faveur
de Mme Du Fresnoy ont, à mes yeux, un tel prix que je
demande au lecteur de les leur faire connaître avec
quelques détails.

Le plus important est une lettre de Mme de Sévigné à
Mme de Grignan, du 29 janvier 1672.

« Hier au soir, dit-elle dans cette lettre, Mme Du Fresnoy
soupa chez nous. C'est une *nymphe*, c'est une *divinité*.
Mais Mme Scarron, Mme de La Fayette et moi nous vou-
lûmes la comparer à Mme de Grignan, et nous la trouvâ-
mes cent piques, au-dessous *non pour l'air et pour le teint*,
mais ses yeux sont *étranges :* son nez n'est point comparable
au vôtre, sa bouche n'est point finie — la vôtre est par-
faite — et elle est tellement *recueillie dans sa beauté* que je
trouve qu'elle ne dit précisément que les paroles qui lui
siéent bien. Il est impossible de se la représenter parlant
communément et d'affection sur quelque chose. C'est
la résidence de l'abbé Têtu auprès de la plus belle ;
il ne la quitta pas. Et pour votre esprit ces dames ne
mirent aucun degré au dessus du vôtre, et votre conduite,
votre sagesse, votre raison, tout fut célébré. Je n'ai
jamais vu une personne si bien louée ; je n'eus pas le
courage de faire les honneurs de vous ni de parler contre
ma conscience. » (*Sévigné*, Ed. Regnier, t. II, p. 485.)

Le 26 décembre de cette même année, Mme de Coulanges écrit à Mme de Sévigné :

« Nous avons encore ici (à Paris) Mme de Richelieu.
J'y soupe ce soir avec Mme Du Fresnoy. Il y a grande
presse de cette dernière à la Cour, il ne se fait rien de

considérable dans l'Etat où elle n'ait part. » (*Sévigné,* t. III, p. 176.)

Le 24 février 1673, Mme de Coulanges qui s'était évidemment liée avec Mme Du Fresnoy écrit encore à Mme de Sévigné :

« Au reste, ma belle, je ne pars plus de Saint-Germain. J'y trouve une dame d'honneur que j'aime (la duchesse de Richelieu) et qui a de la bonté pour moi. *J'y vois peu la Reine.* Je couche chez Mme Du Fresnoy dans une chambre charmante. Tout cela me fait résoudre à y faire de fréquents voyages. » (*Sévigné,* t. III, p. 191.)

Le 20 mars 1673, Mme de Coulanges mande de Paris à Mme de Sévigné :

« Mme Du Fresnoy fait une figure si considérable que vous en seriez surprise ; elle a effacé Mlle de S... (Saluce, suivant M. Régnier) ; on avait tant vanté la beauté de cette dernière qu'elle n'a plus paru belle ; elle a méchante grâce. » (*Sévigné,* t. III, p. 197.)

Puis, le 10 avril 1673 : (1)

« Il est minuit ; M. de La Rochefoucauld a passé le jour avec moi, je lui ai fait voir Mme Du Fresnoy, il en est tout éperdu. » (*Sévigné,* t. III, p. 198.)

---

(1) Il y avait seulement huit jours que Mme Du Fresnoy était Dame du lit de la Reine ; les lettres qui l'investissent de cette charge sont du 2 avril 1673 (*Etat de la France de 1674*). Mais, avant d'obtenir cette charge, elle avait déjà un rang et une position à la Cour, puisque Mme de Sévigné, dans sa lettre du 11 novembre 1671, nous apprend que Mlle de Marans prit la place de Mme Du Fresnoy à la *Comédie espagnole qu'on donnait chez la Reine* et qu'on se moqua d'elle (*Sévigné,* t. II, p. 411).

A cet endroit, M. Régnier a mis la note suivante : « Mme Du Fresnoy se nommait de Moresan et était, dit La Fare, fille d'un apothicaire, etc. » Cette note est erronée ainsi qu'on a pu le voir par ce qui précède. Pierre d'Amoresan était un commis de Louvois, employé dans les affaires militaires secrètes et de confiance : il avait épousé, j'ignore à quelle époque, une sœur de Mme Du Fresnoy ; comme je vois dans les notes de d'Hozier qu'il eut

Dans son adoration pour sa fille, Mme de Sévigné revient toujours à son éloge, mais il n'est pas difficile de voir à quel point Mme Du Fresnoy était belle et séduisante. L'abbé Têtu *ne la quitte pas.* M. de la Rochefoucauld, l'auteur des *Maximes*, en est tout éperdu. Mme de Sévigné débute avant par ces mots : *c'est une nymphe ! c'est une divinité !* Mais elle est à cent piques au-dessous de Mme de Grignan — cela va sans dire — mais pourquoi? Constatons d'abord que ce n'est ni pour l'*air* ni pour le *teint*, non, c'est que sa bouche n'est pas *finie*, son nez n'est pas... comparable à celui de Mme de Grignan; Mme Du Fresnoy, *recueillie dans sa beauté*, suivant la délicieuse expression de Mme de Sévigné, ne prononce que les paroles qui lui siéent bien. Mais, Madame, est-il bien sûr que ce sont les paroles qui lui siéent ? N'est-ce pas plutôt Mme Du Fresnoy qui sied aux paroles et qui leur donne, en les prononçant, le charme qui vous enchante? ce charme qui fixe l'abbé Têtu auprès d'elle et qui rend *éperdu* l'auteur des *Maximes* ! Quant à l'esprit, ce judicieux, ce redoutable aréopage, si digne de juger sans appel en pareille matière puisqu'il est composé de Mmes

sa place à la Guerre par le moyen de sa femme, il est probable que ce fut après le mariage de Mme Du Fresnoy. Mme d'Amoresan était aussi une très belle personne qui, dit d'Hozier, (*Dossiers bleus Du Fresnoy*) eut son temps à briller dans le monde et avec éclat, pendant la vie du feu archevêque de Reims, François-Maurice Le Tellier, frère de Louvois (c'est contre ce prélat qu'a été fait le *Cochon mitré.* Je n'y ai rien vu sur Mme d'Amoresan.) Quand d'Hozier écrivait, Pierre d'Amoresan était intendant de finances et police des armées du Roi au Quesnoy. Cette position lui valait plus de 40000 livres de rente de contributions. D'Hozier l'avait vu en 1668 et disait que tout le monde était satisfait de lui ; son fils Timon devint conseiller au Parlement.

La dernière sœur de Mme Du Fresnoy avait été mariée avec Saint-Mars, gardien de Fouquet et de Lauzun à Pignerol. Après la mort de Fouquet, il succéda à M. de Besmaux, gouverneur de la Bastille. J'ai vu, dans Delort, que d'Amoresan était, à cette époque, commissaire des guerres pour Pignerol et était chargé d'approvisionner la forteresse.

Scarron (depuis de Maintenon), de Sévigné et de La
Fayette ne voit aucun degré au dessus de celui de Mme de
Grignan. Il était donc impossible d'en avoir davantage,
mais non peut-être d'en avoir autant. Si l'esprit de cette
belle créature eût été tant soit peu inférieur, qui peut
douter que ces trois femmes si supérieures ne l'eussent
pas immédiatement remarqué ?

D'Hozier, plus âgé de huit années que Mme Du Fresnoy,
lui a rendu témoignage à ce point de vue comme à celui
de la beauté. Voici comme il s'exprime sur son compte
dans une note autographe qui est dans les *Dossiers bleus*
du Cabinet des titres.

« Je l'ai vue, cette femme, dans un âge où les femmes
« ne doivent plus être belles ni aimables. Elle m'est
« venue voir dans cet état où la vieillesse ne déshonore
« point, pour des recommandations de demoiselles pour
« Saint-Cyr, et je l'ai trouvée toujours aussi charmante
« et pour le corps et *pour l'esprit* que dans le temps
« où sa beauté lui attirait le plus d'admirateurs (1). »

J'ai présenté à mes lecteurs Mme Du Fresnoy telle que
la voyaient Mme de Maintenon, Mme de Sévigné, Mmes de
La Fayette et de Coulanges, et d'Hozier. Je vais mainte-
nant mettre sous leurs yeux le jugement qu'en a porté
La Fare dans ses *Mémoires*.

« Avant la Maréchale de Rochefort, Louvois avait
« aimé éperdûment Mme Du Fresnoi, femme d'un de ses
« commis, et la plus belle de son temps. Celle-ci, comme
« l'on dit, lui fit bien voir du pays, le traita comme

(1) D'Hozier a mis sur ce dossier : *Revu depuis en sept. 1728, avec mes
additions et mes notes de mémoire à 88 ans et 7 mois.* On voit quelle pro-
fonde impression avaient faite sur lui la beauté et l'esprit de Mme Du Fresnoy.
Saint Simon dit aussi : (t. 1, p. 60, de l'éd. de 1856), qu'elle était connue par sa
beauté conservée jusque dans sa dernière vieillesse. D'après les chiffres
donnés par d'Hozier, il devait être né en février ou mars 1640. D'Hozier est
mort le 13 février 1732, à 92 ans.

« un petit garçon et lui fit faire bien des sottises, mais
« parce qu'il sut habilement faire entrer le Roi dans sa
« confidence qui, de son côté, faisait beaucoup de
« choses mal à propos pour Mme de Montespan, bien
« loin que cet amour fît tort à Louvois, on fît pour cette
« femme une charge toute nouvelle en France de Dame
« du lit de la Reine sur le modèle des dames du lit d'An-
« gleterre, charge qui donnait à Mme Du Fresnoy toutes
« les entrées et les prérogatives des Dames de la première
« qualité, mais ne l'empêchait pas d'être la femme d'un
« commis et la fille d'un apothicaire... Ce qu'il y avait
« de plus grand, dans l'un et dans l'autre sexe, était ap-
« pliqué à faire la cour à cette femme qui, de son côté,
« répondait avec toute l'insolence que donne la beauté
« et la prospérité jointe à une basse naissance et *à fort*
« *peu d'esprit.* »

Quand on a lu les extraits des lettres de Mmes de
Sévigné et de Coulanges et les notes de d'Hozier, cette
appréciation de La Fare paraît étrange, et on conclut
qu'il était aussi bien informé des qualités de Mme Du Fresnoy que de la profession de son père.

Cette nomination de Mme Du Fresnoy comme Dame du
lit de la Reine qui déplaît tant à La Fare est, comme je
l'ai déjà dit, du 2 avril 1673. Dans l'*État de la France* de
1674, Mme Du Fresnoy figure avec cette qualité après les
Dames de la Reine, précédées elles-mêmes de Dames
d'honneur et de Dames du palais. Les gouvernante
et sous-gouvernante des filles de la Reine et les filles
d'honneur de la Reine, viennent après Mme Du Fresnoy.

La mort de la Reine, arrivée en 1683, n'enleva pas
à Mme Du Fresnoy son titre de *dame du lit*, ce titre lui
est encore donné dans des lettres du Roi, de janvier 1693,
lui confirmant la possession d'une maison mise en
loterie à Versailles par un sieur Philidor (probablement

de la famille des Danican dits Philidor de la Musique du Roi), et qu'elle avait gagnée.

Quelle fut la conduite de Mme Du Fresnoy à l'égard de Louvois? Laissant de côté La Fare dont la partialité haineuse est visible pour ne pas dire criante, on peut supposer qu'elle ne lui fut pas fidèle. Les *sottisiers* (1) prétendent qu'aidée (?) en cela par sa sœur d'Amoresan, elle le trompait *sous sa moustache* (c'est l'expression qu'ils emploient) avec le duc de Caderousse. Mais quel fond peut-on faire sur les assertions de gens assez éhontés pour avouer leurs goûts infâmes dans leurs chansons ? Cependant, le désir d'être complet me fait donner ici deux couplets que j'ai trouvés dans un recueil en 12 volumes qui m'appartient (2). Les coupures qu'on y remarquera étaient *indispensables*.

L'auteur des *Mémoires* sur Louvois, que j'ai déjà cités plus haut, s'exprime en ces termes assez prud'hommesques, comme on dit aujourd'hui, sur la liaison de Louvois avec Mme Du Fresnoy :

« Une seule attache l'avait dérangé (Et la maréchale de Rochefort ? V. ci-dessus p. 18). Il s'était laissé charmer par une beauté jeune et brillante, qui effaçait les plus grandes beautés de Paris. Il s'appliqua à faire la fortune de *cet objet* et à l'élever à la Cour à une charge très honorable dans la Maison de la Reine.

---

(1) Recueils mss. de chansons.

(2) *L'Amoresan à ce qu'on dit*
   Est une terrible pratique
   En deux jours elle.....
   De vigoureux paralytique ;
   Elle fait..... la Fresnoy
   Sous la moustache de Louvoy

(A l'année 1666, date qui me paraît erronée. Tome ii.)

Après les glorieux exploits
Du trop malheureux Caderousse
Si l'on voulait rendre à Louvoy,
Justice sur son humeur douce,
Sa femme le ferait, ma foy !
C.... comme la Du Fresnoy

(En note: *le duc de Caderousse, amant de Mme Du Fresnoy, maîtresse de M. de Louvois.* Tome iii, à 1672.)

Tant l'amour est aveugle ! Le crédit de cette personne auprès de lui fut bientôt public. Quelque précaution qu'il eût prise pour la détourner d'en user, il en fut souvent importuné. Ces sortes d'esprit sont presque toujours incapables de modération et plus encore de fidélité. Après un long temps, il la trouva infidèle. Tant de bienfaits furent perdus. Les femmes de cette espèce ne peuvent jamais se fixer ni être retenues par des sentiments de reconnaissance, d'honneur ni de devoir. Il rompit ce fatal lien, et depuis il renonça pour jamais (ceci n'est pas très sûr) à ces passions basses qui asservissent l'homme et l'avilissent (?) dans la suite. »

On a vu que, suivant Mme de Coulanges, dans sa lettre du 26 décembre 1672, (p. 15) il ne se passait rien de considérable dans l'Etat où Mme Du Fresnoy n'eût part, et La Fare dit qu'elle fit faire bien des sottises à Louvois. Il est fâcheux que Mme de Coulanges et La Fare se soient tenus dans les généralités et n'aient spécifié aucun fait. Le dire de M^m de Coulanges porte tous les caractères de l'exagération. Mme Du Fresnoy eût sans doute de l'influence pour faire parvenir telle ou telle personne à une position désirée, mais le Roi et les ministres ne lui demandaient certainement pas son avis sur les affaires de l'État.

Louvois a fait des fautes, quand ce ne serait que celle racontée par Saint-Simon et qui, si elle est vraie, mériterait plutôt le nom de crime puisqu'il aurait rallumé la guerre, dans son mécontentement de voir que le Roi l'avait maltraité publiquement pour avoir soutenu qu'une fenêtre du Petit-Trianon était d'aplomb quand le Roi disait, avec raison, qu'elle ne l'était pas. On lui a reproché aussi d'avoir écrit si durement au Duc de Savoie, en 1694, que ce prince, à la la lecture de sa lettre, se leva et dit : « C'en est trop, il faut périr ou se venger », et signa son traité avec l'empereur (1). On lui reproche encore des paroles offensantes pour certains princes allemands, mais est-ce à dire, pour cela, que ces fautes lui étaient inspirées par Mme Du Fresnoy? Rien ne nous le prouve, ni même ne l'indique. Ses fils Barbezieux et Souvré en ont été accusés avec plus d'apparence de vérité (2).

Les renseignements, si abondants et si intéressants au début de l'apparition de Mme Du Fresnoy à la Cour, deviennent beaucoup plus rares à mesure que les années s'écoulent (3). Cela paraît indiquer une existence calme qui ne cadre pas avec les dires des sottisiers.

On peut croire aussi que les relations de Louvois avec Mme Du Fresnoy cessèrent cette année 1673, et que, dès lors, on s'occupa moins d'elle. Ce qui me fait croire qu'il en fut ainsi, c'est qu'au nombre de six dames d'honneur de la Reine, nommées pour entrer en fonctions le 1er janvier 1674, on voit la Marquise (peu après la Maréchale) de Rochefort figurer la cinquième. On sait qu'elle succéda à Mme Du Fresnoy dans l'intimité de Louvois, et cette nomination donne lieu de croire qu'elle était déjà très *protégée* par lui. (*État de la France pour 1674*. Paris, Loyson, 1674, in-12, p. 355.)

---

(1) Archives des Affaires étrangères. *Réflexions sur la rupture de Savoie en 1694 et la mauvaise politique de M. de Louvois.* Correspondance de Turin, 1691-1695, au troisième tiers du volume.

(2) M. de Souvré railla, un jour, un prince de l'Empire. Celui-ci s'étant fâché : « Comment, dit M. de Souvré, vous raisonnez ? Je l'écrirai à mon père qui brûlera vos petits états! » Il le rendit, par cette réponse, plus souple qu'un gant. *C'est M. le prince Eugène qui le conte et qui y était présent* (Recueil mss. fait à Vienne, en 1718, par le comte d'Hoym). Ailleurs il raconte que Louvois, lui-même, disait au comte de Veilbourg (Nassau), envoyé en France de l'électeur palatin, que le Roi se souciait de l'amitié de l'électeur comme d'une botte de foin (*Ibid.*, *id.*).

(3) Mme de Sévigné ne parle plus de Mme Du Fresnoy que dans sa lettre du 9 juin 1677, pour recommander à sa fille l'usage *de l'eau de poulet* dont Mme Du Fresnoy s'était bien trouvée.

En attendant, Du Fresnoy continuait à recevoir les grâces du Roi. A la fondation de l'ordre de Saint-Louis, il fut nommé trésorier de cet ordre avec 4000 francs d'appointements, à la date du 6 mai 1693. Le 4 mars 1697, Dangeau ayant été nommé par le Roi avec les ducs d'Estrées, de Coislin, etc., commissaire pour examiner chez M. de Barbezieux les comptes de l'Ordre du Saint-Esprit, constata que M. de Saint-Pouange qui avait la charge d'intendant de l'ordre aux appointements de 4800 francs, partageait cette somme avec Du Fresnoy. Ces retenues faites sur une charge au profit d'un tiers étaient d'un usage fréquent sous l'ancien régime.

Du Fresnoy ne vécut pas longtemps après cette époque ; il mourut, le 15 février 1698, d'une attaque d'apoplexie. Son fils dont nous parlerons tout à l'heure l'avait précédé dans la tombe.

Voici en quels termes Dangeau annonce la mort de Du Fresnoy, au 15 février 1698 :

« Le bonhomme Du Fresnoy, mari de la belle Madame du F. mourut à Paris d'apoplexie ; il avait 85 ans (1); il était premier commis de M. de Barbezieux et avait toujours été fort en réputation d'un honnête homme. »

Le *Mercure galant* contient deux annonces de la mort de Du Fresnoy, l'une dans le numéro de février 1698, p. 264, sans détails ; et l'autre, plus intéressante, dans le volume de mars, p. 180. La voici :

« Le samedi 15 du mois passé, mourut, à Paris, M. Du Fresnoy, seigneur de Fleury et de Glatigny (2), premier commis de M. le Marquis de Barbezieux et trésorier

---

(1) Dangeau se trompe, c'est bien 84 ans. Ce chiffre est donné dans l'article du *Mercure galant* de février qui, comme celui de mars, doit émaner de la famille, et par d'Hozier.

(2) L'abbé Lebœuf dans son *Histoire du Diocèse de Paris* ne mentionne Du Fresnoy ni parmi les seigneurs de Glatigny, près Versailles, ni parmi ceux de Fleury, près Meudon.

de l'ordre militaire de Saint-Louis. Il entra dans le service pendant le ministère de M. Des Noyers (*sic* pour de Noyers), secrétaire d'Etat, à qui il fut donné tout jeune par le Cardinal de Richelieu pour le former aux affaires. Son service est si ancien qu'il a fait les ordres pour l'heureuse naissance de sa Majesté qu'il a toujours continué de servir sous les ministères de MM. Le Tellier, de Louvois et de Barbezieux. Nul homme n'a été plus généralement aimé, estimé et regretté, n'ayant laissé échapper aucune occasion de faire plaisir. Madame Du Fresnoy, sa femme, a eu l'honneur d'être 10 ans dame du lit de la Reine. Il ne laisse point d'enfant mâle, ayant perdu, il y a trois ans, son fils unique, colonel d'infanterie, et en estime d'un fort brave homme. Il laissa trois filles (1), l'aînée, veuve de M. le comte d'Alègre (voir p. 13), la seconde, mariée à M. le comte de Rochefort, aîné de la maison de Chastenay qui a porté le nom de Lanty près de 300 ans et l'une des plus grandes de Bourgogne, la troisième, âgée de 15 à 16 ans, fille ».

D'Hozier nous dit que cette troisième demoiselle Du Fresnoy (Anne-Antoinette) était encore à marier en 1700, mais, à la date du 4 juillet de cette année, Dangeau raconte que Mme Du Fresnoy maria sa fille à un gentilhomme nommé Longaunay (2).

Le fils de Du Fresnoy dont parle cet intéressant article était, en 1692, capitaine au régiment de Navarre. Le Roi ayant créé, à la fin de l'année 1692, quatre régiments d'infanterie, M. Du Fresnoy fut nommé colonel de l'un d'eux. Dangeau, qui donne cette nouvelle au 26

---

(1) Mme d'Alègre s'appelait Marie-Madeleine-Françoise ; Mme de Rochefort Marie-Catherine. (La Chesnaye des Bois.)

(2) Antoine, comte de Longaulnay, capitaine de dragons, blessé à Staffarde, en 1690, mort le 1er octobre 1712, âgé de 48 ans, sans postérité.

décembre 1692, ne dit pas si c'était un don pur et simple
du Roi ou si M. Du Fresnoy fut seulement autorisé à
acheter ce régiment. Hélas ! dix-huit mois plus tard,
le 20 juin 1694, Dangeau enregistrait la mort du jeune
colonel sans aucun détail.

Si nous avons les dates des décès de notre bibliophile
et de son fils, nous ignorons celle de la mort de Mme Du
Fresnoy. Il résulte de bien des témoignages qu'elle mourut
très âgée et toujours belle, mais c'est tout ce que nous
savons. M. de Boislile, dans sa belle et bonne édition de
Saint-Simon, uous apprend, sans citer de source, qu'elle
vivait encore en 1714. Elle a dû mourir beaucoup plus
tard puisque tout le monde parle de sa beauté conservée
jusque dans l'âge le plus avancé et qu'elle n'avait qu'environ 66 ans en 1714. Il aurait été bien intéressant aussi
de pouvoir contempler ces traits charmants qui plaisaient
tant à ses contemporains, mais il n'existe aucun portrait
gravé d'elle. Il en a, cependant, existé un très beau portrait peint. « Avant que de commencer ces grands
ouvrages (de Saint-Cloud, 1677 ?) Mignard fit, dit l'abbé
de Monville, auteur de sa vie, (Paris, Boudot et Guerin,
1730, tn-12, p. 106), de Mme Du Fresnoy, connue par la
longue durée de sa beauté, un portrait où elle ne se vit
pas avec moins de plaisir que dans son miroir. »

Qu'est devenu ce portrait ? Existe-t-il encore ? C'est ce
que j'ignore, à mon très vif regret.

Comme trésorier de l'ordre de Saint-Louis, Du Fresnoy
était comptable. Dangeau nous apprend, à la date du 3
mai 1699, que M. de Barbezieux alla l'après-dîné chez
M. le Chancelier où Mme Du Fresnoy fit rendre les
comptes de son mari par un de ses amis.

Je terminerai ce mémoire par deux historiettes qui se
trouvent dans les *Annales de la Cour et de Paris* pour
1697 et 1698, (Cologne 1701, 2 vol. in-12.) qui sont
relatives à Mme Du Fresnoy. On sait que ce très médiocre

ouvrage a été attribué comme beaucoup d'autres à Sandras de Courtilz. Les ouvrages de cet auteur sont fort dangereux à cause du mélange de vrai et de faux qu'ils contiennent. Ici, les faits racontés n'ont rien de bien intéressant, de sorte qu'on ne voit pas quel intérêt l'auteur aurait eu à les inventer. Ils sont donc probablement vrais.

La première historiette se trouve page 12 du tome Ier.

L'auteur raconte, comme une digression, qu'à une époque antérieure à 1697, l'abbé de Choisy perdit un jour 50 louis d'or contre Mme Du Fresnoy sans la payer. Elle s'en ennuya à la fin, dit-il, de sorte qu'il lui envoya un exemplaire des livres composés par lui, en ajoutant que, s'il était vrai qu'elle attendît après sa dette pour jouer, il la priait de se désennuyer avec ses livres, en attendant qu'il pût la satisfaire. Mme Du Fresnoy trouva cette manière de s'excuser de payer ses dettes toute nouvelle. C'était là une singulière prétention de l'abbé de Choisy, car ses *Mémoires* (dans lesquels je comprends la *Comtesse des Barres*), seul ouvrage vraiment intéressant (et ils le sont beaucoup) qu'il ait produit, ne parurent qu'après sa mort.

Le même auteur, (tome II, page 21), raconte encore que Mme Du Fresnoy, étant à l'Arsenal chez Mme Camus des Touches où on jouait le lansquenet, l'ambassadeur de Portugal, le marquis de Cascaye, souffleta lui-même et fit battre ensuite à coups de plat d'épée par son écuyer un joueur qui avait blâmé l'ambassadeur de ne pas payer comptant quand il perdait. Mme Du Fresnoy trouva, avec raison, étrange qu'un homme de ce caractère en usât ainsi devant des dames, mais comme elle le fit d'un ton de précieuse, dit cet auteur, et en affectant des airs de qualité et avec des paroles par lesquelles elle semblait vouloir passer pour

telle (1), la duchesse de la Ferté qui lui en voulait parce
que peut-être elle était plus belle qu'elle, lui répondit que ce n'était pas à une petite bourgeoise comme
elle à trouver à redire à ce qu'un homme de la qualité de
M. de Cascaye faisait. Comme Mme Du Fresnoy avait aussi
bonne langue que la Duchesse elle tira son épingle du
jeu sans qu'il y allât du sien. Quelques jours après,
l'ambassadeur étant retourné jouer chez une dame d'une
autre qualité que Mme des Touches, la duchesse de La
Ferté qui avait sur le cœur que son procédé lui eût attiré
des paroles désagréables de Mme Du Fresnoy, lui
demanda s'il se faisait toujours suivre par son écuyer.
L'ambassadeur lui voulut répondre, mais elle lui dit
qu'il n'y avait plus personne à battre, que, d'ailleurs, il
était inouï, que, parmi des femmes de qualité comme il
y en avait dans cette compagnie, on souffrît un homme
que l'on avait vu, la dernière fois, n'avoir ni respect ni
honnêteté pour le sexe : que, si cela se souffrait en
Portugal, il n'en était pas de même en France.
L'ambassadeur lui répondit que, puisqu'elle souhaitait
qu'il renvoyât son écuyer, elle n'en serait pas dédite.
Cette nouvelle querelle s'étant terminée de la sorte, ils se
mirent à jouer.

Tels sont les renseignements que j'ai pu recueillir sur
Du Fresnoy et sur les siens (2); ils me paraissent ap-
porter un véritable intérêt à la possession de ces
beaux livres, car il en est peu des mêmes temps qui
se rapportent aussi directement et avec un aspect aussi
élégant à l'époque la plus brillante du règne de notre
grand Roi Louis XIV.

(1) Ailleurs (tome ii, p. 40) l'auteur lui reproche d'avoir dit *une femme de
ma qualité.*.

(2) A l'époque où vivaient M. et Mme Du Fresnoy, il existait une d^{elle} du
même nom qui faisait de bons vers. Voici quelques uns de ceux qu'elle
fit lorsque le Roi se déclara protecteur de l'Académie française, après la

EXEMPLAIRES DE DU FRESNOY (1)

Voici une liste des exemplaires de Du Fresnoy dont j'ai pu connaître l'existence. Malgré les précieux secours que j'ai reçus de MM. Leclerc et Cornuau, et de M. Édouard Rahir, cette liste est loin d'être complète. Quand la reliure n'est pas indiquée, les livres sont revêtus de la belle reliure à compartiments de dorure reproduite au commencement de ce travail.

1. APPIANUS. *Amsterdam*, 1670, 2 vol. in-8.
     Vente Techener, n° 683, 2380 fr.
     Aujourd'hui, chez M. Morgand.

mort du Chancelier Séguier, en 1672. On avait frappé, pour rappeler ce fait, une médaille où était représenté un Apollon avec ces mots : *Apollo Palatinus* (Apollon du Palais, dans le Palais). Mlle Du Fresnoy disait :

> Comme Hercule, il combat les monstres de la terre,
> Leur fureur devant lui demeure sans effet,
> Et si, par ses fameux oracles,
> Le premier Apollon prédisait des miracles
> Celui de notre temps les fait.

Ces vers qui m'ont été indiqués par M. le capitaine Dufour sont tirés du *Dictionnaire des Françaises connues par leurs écrits*, par Mme Fortunée Briquet, *Paris*, 1804, in-8. Mme Briquet dit que cette pièce se trouve dans le *Recueil de l'Académie française* pour 1691, mais je l'ai vainement cherchée dans l'exemplaire de l'Arsenal.

Je n'ai vu nulle part que Du Fresnoy ait été marié deux fois et du mariage que nous connaissons il ne pouvait avoir, en 1672, une fille d'âge à faire ces jolis vers. Cette demoiselle était-elle sa parente ou seulement son homonyme ? C'est ce que je ne puis dire. Il paraît qu'elle se fit religieuse aux Filles de la Croix, à Paris, et on fit alors ces vers sur elle :

> Que cette Vestale a d'appas,
> Heureux celui qu'elle aime !
> Son bandeau ne lui messied pas
> Il semble un diadème,
> Mais s'il était deux doigts plus bas
> On dirait l'Amour même.

(1) Au commencement de cette notice, j'ai prié les lecteurs de constater que Du Fresnoy ne s'appelait pas Petit Du Fresnoy. Cette invention a fait fortune de l'autre côté du détroit et plusieurs libraires anglais parlent de *Petit Du Fresnoy*. Une erreur aussi extraordinaire encore est celle qui a fait confondre aux rédacteurs du Catalogue de la magnifique bibliothèque Beckford les livres de Du Fresnoy AVEC CEUX DE MAÏOLI !

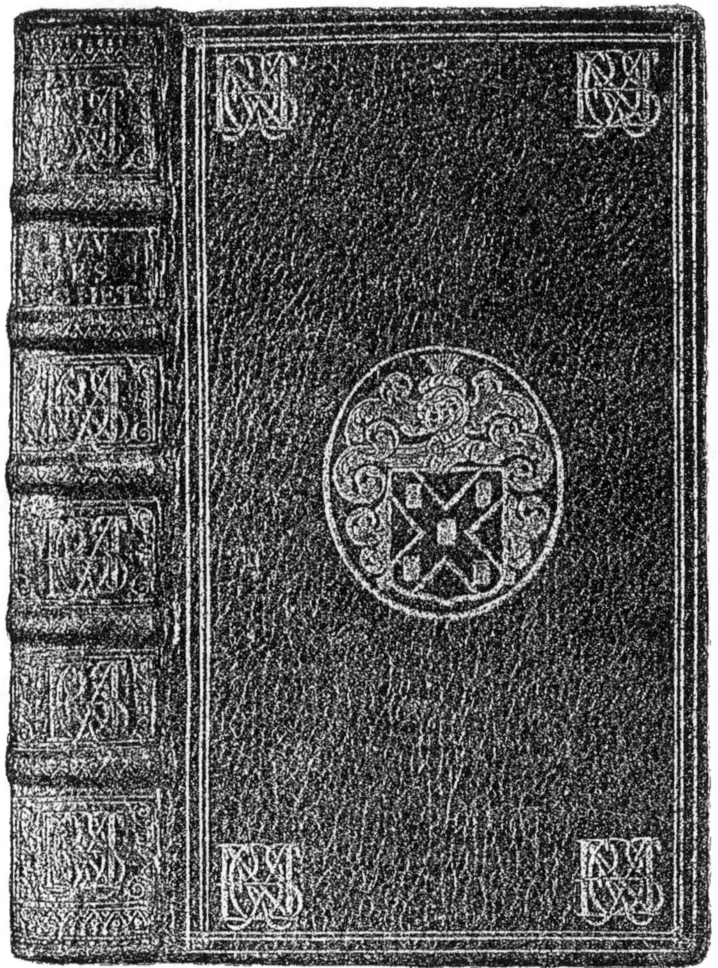

Reliure du Traité des échecs.

2. ARRIEN, en grec. *Amsterdam*, 1668, in-8.
   Catal. Cigongne (1), nº 2428 ; chez S. A. R. Mgr le Duc
   d'Aumale. (Annoncé à compartiments de *couleurs* dans
   le cat. Cigongne).

3. SAINT-AUGUSTIN. Ses Confessions traduites par Arnauld
   d'Andilly. *Paris, Vc Camusat*, 1651, in-8.
   Chez le Bon J. Pichon.

4. AURELIUS VICTOR. *Leyde*, 1670, in-8.
   Chez M. Morgand.

5. AUSONIUS. *Amsterdam*, 1671, 2 vol. in-8.
   Vente Debure, (1853), nº 545, 175 fr.
   Chez M. Dutuit.

6. LA SAINTE BIBLE, trad. par René Benoist. *Paris*, 1568,
   2 vol. in-4, mar. olive, (reliure unie ne portant que les
   armes.)
   Vente Potier (1870), nº 6, 260 fr.
   Bibliothèque de mon ami bien regretté M. de Lignerolles.

7. CAESARIS Commentarii. *Amsterdam*, 1661.
   Catal. du Cte de Mosbourg, nº 275, 2200 fr.

8. CORNELIUS NEPOS. *Leyde*, 1667, in-8.
   Vente Potier, nº 612, 700 fr.
   A appartenu à M. de La Roche Lacarelle, puis au
   Cte de Fresne chez qui il a été vendu 2100 fr.

9. ENGELGRAVE. Lux evangelica. *Cologne*, 1655, 4 vol. in-12.
   Vente Debure (1853), nº 4074, 155 fr.

10. FLORUS. *Leyde*, 1655, in-8.
    Chez M. Morgand.

11. FRONTINUS. *Amsterdam*, 1661, in-8.
    Chez M. Dutuit.

12. GRECO (Gioachino). Jeu des échecs. *Paris, Pépingué*,
    1669, pet. in-12. (Armes et chiffres seulement.)
    Chez le Bon J. Pichon.

---

(1) Dans ce beau catalogue, les exemplaires de Du Fresnoy sont indiqués
à leur place, mais on ne les a pas groupés dans l'introduction comme ceux
d'Hoym et autres amateurs connus.

13. HORATIUS. *Leyde, chez les Hacke*, 1654, in-8.
  Vente Debure, nº 545.
  Cat. Cigongne, nº 419. — Chez S. A. R. Mˢʳ le Duc
  d'Aumale.

14. JUVENALIS. *Leyde*, 1648, in-8.
  Cat. Cigongne, nº 447.
  Chez S. A. R. Mˢʳ le Duc d'Aumale.

15. LACTANTIUS. *Leyde,* 1652, in-8.
  Biblioth. Cousin à la Sorbonne.

16. LUCIANUS. *Amsterdam*, 1687, 2 vol.
  Chez M. Dutuit.

17. MACROBIUS. *Leyde,* 1670, in-8.
  Vente Debure, nº 1022, 180 fr.
  Chez M. Dutuit.

18. MARTIALIS epigrammata. *Leyde*, 1656, in-8.
  Cat. Cigongne. Chez S. A. R. Mˢʳ le Duc d'Aumale.

19. MESSEL (*sic*) romain, traduit en français par ordre de Mᵐᵉ la
  princesse de Conti (Martinozzi), par J. de Voisin.
  Paris, Siméon Piget, 1661, 6 vol. in-12.
  Chaque volume contient un exemplaire de la préface
  intéressante de Voisin (1), une table des fêtes mo-
  biles, etc. C'est un livre arrangé pour l'usage fréquent
  et qui a dû servir à Du Fresnoy, ce qui ne l'empêche
  pas d'être d'une fraîcheur extraordinaire.
  Chez le Bᵒⁿ J. Pichon.

20. PHŒDRI Fabulæ. 1667, in-8.
  Cat. Cigongne, nº 440.
  Chez S. A. R. Mˢʳ le Duc d'Aumale.

21. PLINII secundi epistolæ. *Leyde*, 1669, in-8.
  Vente Brunet, nº 526, acheté 760 fr. par M. de Ville-
  neuve.

22. SAINT FRANÇOIS DE SALES. Introduction à la vie dévote.
  Paris, de l'Imprimerie Royale, 1641, in-fol., veau

---

(1) C'est pour que les fidèles entendent ce que nous disons, écrit Voisin,
que le Roy Charles V et ensuite la Reine Isabeau de Bavière firent traduire
ce missel en français avec l'explication, etc.

marbré. Mis néanmoins ici à cause de son importance relative.

Vente Debure. Aujourd'hui chez le Bon J. Pichon.

23. SALUSTE. *Leyde*, 1654.
Chez M. Dutuit.

24. SENECÆ Tragœdiæ. *Leyde*, 1651.
Chez M. Dutuit.

25. SUETONE. *Leyde* 1656, in-8.
Chez Lord Gosford, nº 191, 1800 fr.
Aujourd'hui chez M. de Sauvage.

26. TACITE. *Amsterdam*, 1672, 2 tomes en 4 volumes.
Vte Seillière, 3000 fr.
Chez M. Robert Hoe, à New-York.

27. TESTAMENT (Nouveau). *Mons, Migeot*, 1667, 2 vol. in-12.
Bull. Morgand, nº 18240, 2500 fr.

28. TESTAMENT politique du C^{al} de Richelieu, *Amsterdam*, 1688, in-12.
Biblioth. Cousin à la Sorbonne.

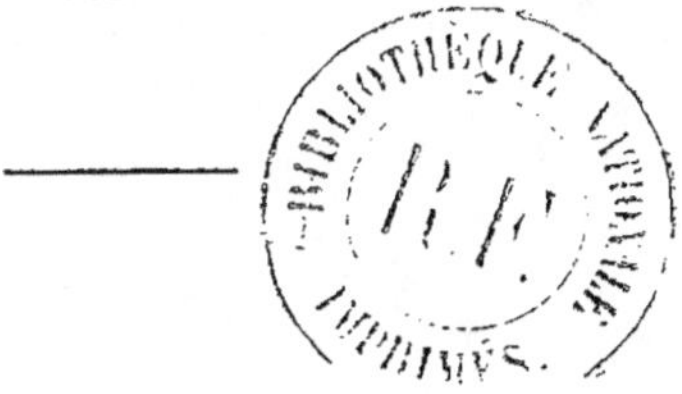